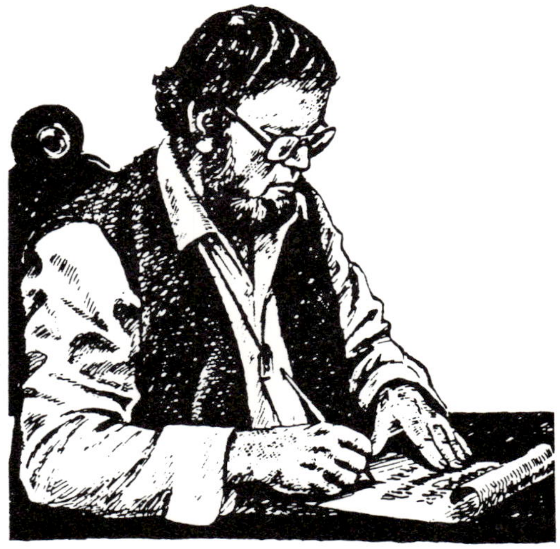

Alte, schöne Schrift-Kunst aus dem Kloster Cismar

Hans-Heinrich Path – Geschriebene Weisheiten

Hans-Heinrich Path

Geschriebene Weisheiten

in alter Schriftkunst aus dem Kloster Cismar

mit 28 Zitaten, Sprüchen, Weisheiten,
3 Kohlezeichnungen von Veysel Güldogan,
einem Vorwort durch die Herausgeberin

und einem Nachruf auf den Künstler durch
Senatsrat Hans-Joachim Arndt – anläßlich der
Ausstellungseröffnung Berliner Künstler
gehalten am 22. Juni 1985 in Cismar

Herausgegeben von Hannelore Fischer

Dialog-Verlag

Der Dialog-Verlag erfüllt mit der Verlegung dieses Buches auch einen Wunsch Hans-Heinrich Paths, dessen Person die ersten Seiten gewidmet sind. Seine geschriebenen Weisheiten sind dann in drei Abschnitte gegliedert, die jeweils mit einem Leitspruch, einschließlich einer zur Besinnlichkeit einstimmenden Kohlezeichnung, begonnen werden. Sozusagen zur Einstimmung auf den gesamten Inhalt bringen wir vor den drei Abschnitten einen einleitenden Spruch.

Schrift:	Times und Zentenar-Fraktur
Schlußredaktion:	Dialog-Verlag
Gestaltung und Titelfotos:	Roman Reinke
Weitere Fotos:	S. 5 mit frdl. Genehmigung von Foto Pickenpack, Stade
	S. 8 mit frdl. Genehmigung von Günter Anlauf, Berlin
	S. 10 von Hans-Heinrich Path

1. Auflage August 1985
2., erweiterte und veränderte Auflage Oktober 1987

Printed in Germany, Satz, Druck, Einband Alois Erdl KG, Trostberg

ISBN 3-923707-11-8

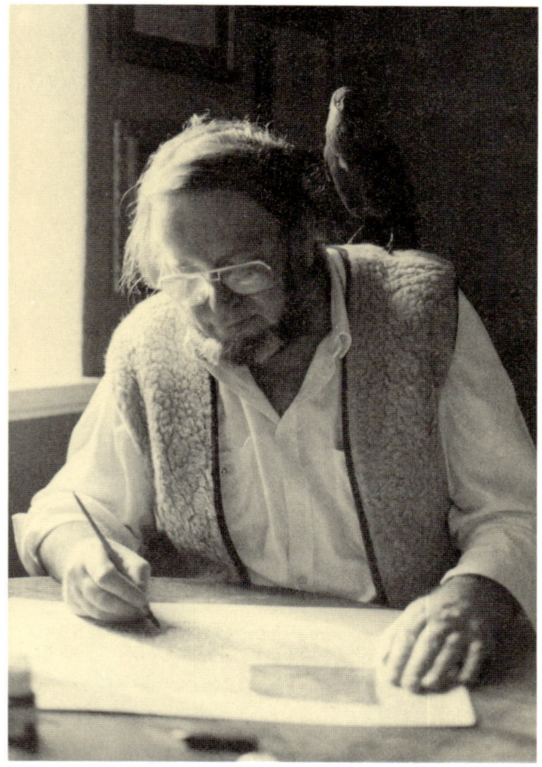

Hans-Heinrich Path

geboren 9. Juli 1934 – gestorben 13. Dezember 1984

schrieb im ehemaligen Benediktinerkloster Cismar in alter, schöner Schriftkunst auch diese Zitate, Sprüche und Weisheiten: Goldene Worte, gültig für die Ewigkeit.

Vorwort

Geh freundlich und gelassen
inmitten von Lärm und Hast
und denke daran, welcher Friede
in der Stille zu finden ist.
Soweit wie immer möglich,
und ohne dich selbst aufzugeben,
versuche mit allen Menschen auszukommen.

Dieses sind die ersten Sätze der in Baltimore aufgefundenen „Desiderata", deren deutsche Übersetzung Hans-Heinrich Path im Schatten der Klostermauern des ehemaligen Benediktinerklosters Cismar mit dem „ältesten Flügelaltarschrein" so gerne schrieb – wohl deshalb, weil sie auch seine Art zu leben und mit anderen umzugehen so vortrefflich ausdrückten.

Wohlhabenheit und schnellebigem Ruhm in der Welt der Werbung entsagte er zugunsten innerer Einkehr, die sich besonders in den hier vorliegenden, sorgfältig geschriebenen Weisheiten anderen mitteilt. Darin und in der Schrift selbst fand er Ruhe und später auch Anerkennung: Marie-Luise Steinbauer stellte ihn ihren Fernsehgästen vor, Gotthilf Fischer ließ sich von ihm alte Schriften erklären und für Landesregierungen schrieb er Urkunden. Die Fernsehsendung Mosaik brachte sein „Desiderata" auch im Abdruck der zugehörigen Zeitschrift. Die letzten zwei Sätze lauten: „Trotz aller Täuschungen, Plackereien und aller zerbrochenen Träume ist es immer noch eine wunderbare Welt. Sei bedacht! Strebe danach, glücklich zu sein."
Danach lebte „Heini" Path, und er war besonders glücklich, als Ende 1984 die „Schleswag", das Schleswig-Holsteinische Stromversorgungsunternehmen, seine Botschaft mit seinem Foto (s. S. 5) als Titelbild ihrer Zeitschrift in 600000 Exemplaren an alle Haushaltungen des Landes verteilte. Darin war folgende, bezeichnende Äußerung von Hans-Heinrich Path zu lesen: „Viele Schriftarten aus früheren Jahrhunderten kann man erlernen, mit viel Geduld und Sensibilität, doch nur dem Begnadeten fließen sie ungezwungen vom Kopf zur Hand aufs Papier. Nicht lange im Leben ist es möglich. Der Schreiber verausgabt sich mit der Kraft seines Herzens . . ."
Als die ersten Exemplare ausgeliefert wurden, war es soweit: Am 13. Dezember 1984 starb Hans-Heinrich Path im Alter von 50 Jahren. Er wurde unter großer Anteilnahme der Bevölkerung in Cismar beigesetzt. Als seine Lebensgefährtin, Schülerin und von ihm selbst vorausschauend eingesetzte Verwalterin seines Vermächtnisses folge ich mit der Herausgabe dieses Teils seines Schriftgutes einem seiner letzten Wünsche und eigener Verpflichtung.
Darüber hinaus sind diese und andere Verse, einschließlich der berühmten „Desiderata", noch bei mir als Einzelstücke erhältlich.

Die Herausgeberin

Hannelore Fischer
Kloster Cismar

Berliner Freunde über den Künstler:

Am 22. Juni 1985 eröffnete Senatsrat Hans-Joachim Arndt aus Berlin in der Galerie Kloster Cismar die Ausstellung Kunst und Architektur. Unter den ausgestellten Kunstwerken befanden sich viele Arbeiten des auch menschlich großen Berliner Bildhauers Günter Anlauf, und zwar sowohl in gegenständlicher als auch in ungegenständlicher Kunst. Als Beispiele seines Könnens seien nur die zwölf Bronzeplatten, vierzehn Stationen der Leiden Christi darstellend, in der Berliner Heilig-Kreuz-Kirche genannt oder seine lustigen Berliner Bären. Vier dieser Bären können wir in Berlin auf der Moabiter Brücke bewundern, einen an dem neuen Autobahnübergang in Heiligensee Richtung Hamburg. In Günter Anlaufs Reisegepäck nach Cismar befand sich eine Gedenktafel für seinen Freund Hans-Heinrich Path, deren Bedeutung Senatsrat Arndt am Schluß seiner Eröffnungsrede zur Ausstellung im Zusammenhang mit einem Nachruf auf Path erläuterte. Dieser Nachruf soll mit dem hier erfolgten Abdruck, einschließlich eines Fotos der Gedenktafel, den damals nicht Anwesenden zugänglich gemacht werden und den Teilnehmern eine Erinnerung sein.

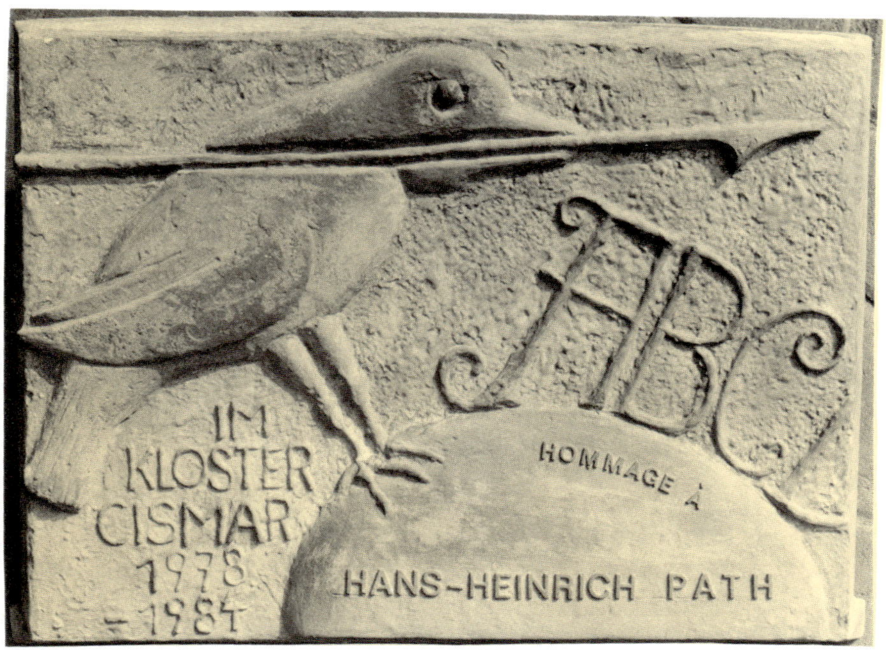

Hommage à Hans-Heinrich Path – 1985 – Relieftafel von Günter Anlauf, Berlin, auf der Außenwand des Brunnenhauses im Kloster Cismar.

Nachruf auf Hans-Heinrich Path

In meine Dankesworte habe ich in früheren Jahren stets Hans-Heinrich Path einbezogen.
Heute können es für ihn nur Worte des Erinnerns sein, da Hans-Heinrich Path im Dezember vorigen Jahres völlig unerwartet für immer von uns gegangen ist.
Hans-Heinrich Path war mehr als ein Schriftenschreiber, mehr als ein Künstler. Er war eine Institution dieses Klosters, das er schon als spielendes Kind schätzen gelernt hatte. So wurde das Refugium im Brunnenhaus, in das er sich eremitenhaft zurückzog, zu seinem ihn nährenden und schützenden Lebensraum.
Ihn, den Klaustrophilen, schreckte die Ferne, die Schutzlosigkeit der Umwelt.
Er wagte sich nicht hinaus, man mußte zu ihm kommen. Erst dann öffnete er sich: als Mensch, als Freund, und war stets bereit zu helfen: selbstlos und verläßlich, wie nur wenige Menschen.
Seine Klosterzelle schützte nicht seine sensible Seele vor Verletzungen: Mangelnde Offenheit machte ihn mißtrauisch, vermeintliche Ungerechtigkeit ließ ihn verzweifeln.
Er bedurfte der Zuneigung, der freundschaftlichen Unterstützung, des Vertrauens.
In hieraus resultierender froher und zuversichtlicher Stimmung schieden wir im Juli vorigen Jahres voneinander, nachdem wir im gemeinsamen Gespräch Lasten abgetragen und seine Klause mit dem seiner geistigen und künstlerischen Haltung so kongruenten Gregorianischen Gesang mittelalterlicher Mönche befriedet hatten.
Daß es ihn dennoch nicht hielt in dieser Welt, machte uns zutiefst betroffen.
Seinen Berliner Freunden wird Hans-Heinrich Path fehlen, und wir sind daher sehr glücklich, daß Hannelore Fischer sein Werk und sein Gedächtnis im Kloster Cismar bewahren will. Wir alle sollten dazu beitragen, daß die Spuren, die Hans-Heinrich Path im Kloster Cismar hinterlassen hat, nicht gelöscht werden. Auch sein Wirken war ein kleines Stück Geschichte des Klosters, wobei Vergangenes und fast Vergessenes – durch ihn lebendig geworden – wieder in das Bewußtsein unserer Zeit gerückt wurde.
Wir wollen unseres Freundes dauerhaft gedenken durch eine Relieftafel, die Günter Anlauf in freundschaftlicher Zuneigung geschaffen hat, eine Tafel, auf der uns Hans-Heinrich Path über das Bild seiner Dohle „Dali“ mit jener latenten Heiterkeit, die seinen Ernst begleitete, stets gegenwärtig bleiben soll.

Hans-Joachim Arndt
im Juni 1985

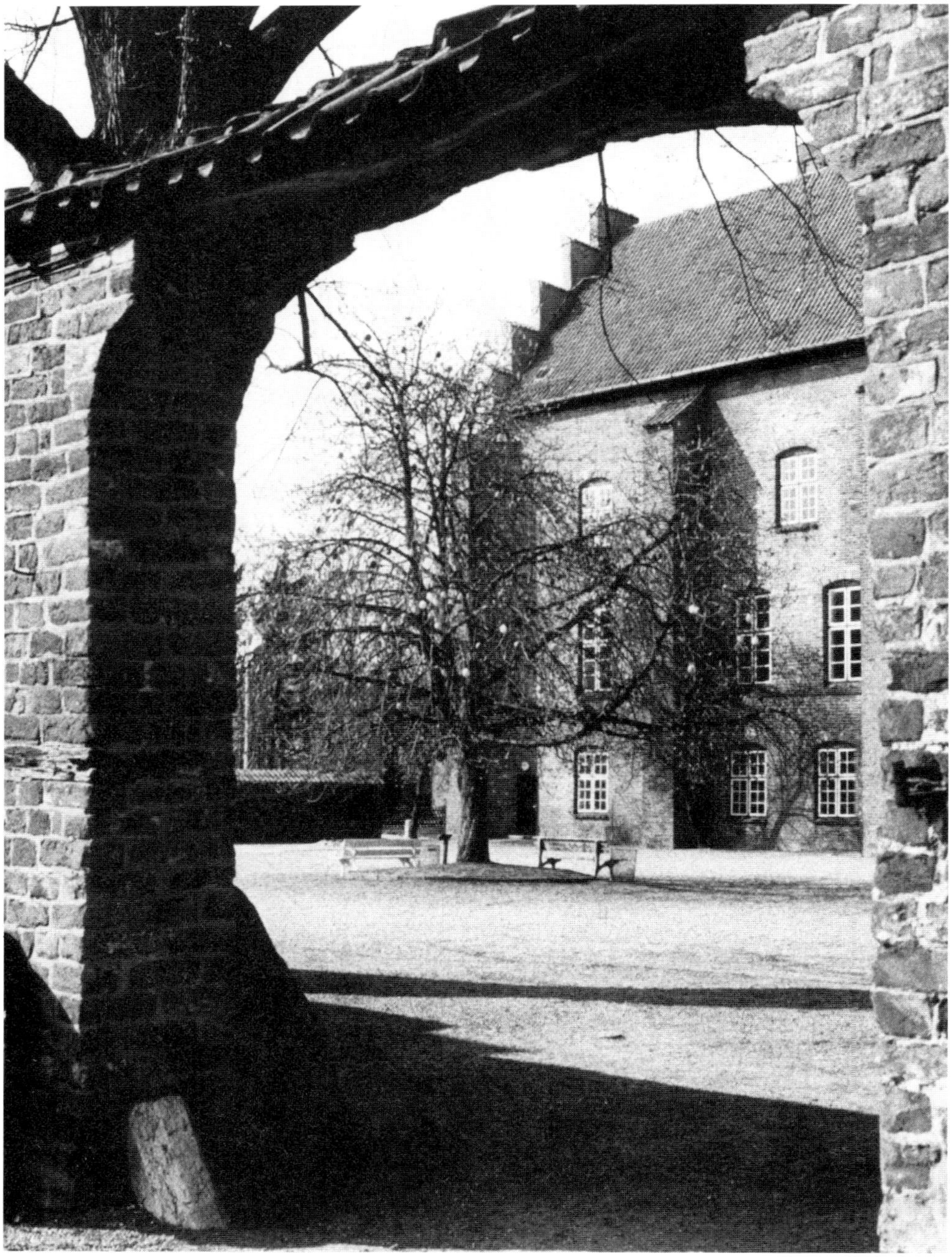

Diesen Blick auf den Westgiebel der 1238 begonnenen Klosterkirche liebte der Künstler besonders.

Das Benediktiner Kloster Cismar wurde 1238 gegründet. Es gehörte während des Mittelalters zu den bedeutendsten Klöstern Norddeutschlands. 400 Jahre lang beherbergt das Kloster den Amtmann von Cismar. 55 Jahre lang den Landrat des Kreises Oldenburg in Holstein. Im Chorraum befindet sich noch heute der um 1310 entstandene älteste geschnitzte Flügelaltar den die Kunstgeschichte kennt.

In diesem Kloster schrieb Hans-Heinrich Path die nachfolgenden Zitate, Sprüche und Weisheiten auf:

Versprich dir selbst,

so stark zu sein, daß nichts den Frieden des Gemüts zerstören kann. Gesundheit, Glück und Wohlstand jeder Person mitzuteilen, die du triffst. Alle deine Freunde fühlen zu lassen, daß es immer etwas Gutes in ihnen gibt. Stets auf die sonnige Seite zuerst zu blicken und deinen Optimismus in die Tat umzusetzen. Nur das Beste zu denken, nur für das Beste zu arbeiten. Ebenso begeistert über den Erfolg anderer zu sein, wie du über deinen eigenen bist. Frühere Fehler anderer zu vergessen und vorwärts zu streben zu den größeren Werken der Zukunft. Zu jeder Zeit ein fröhliches Gesicht zu zeigen und jedes Lebewesen mit einem Lächeln zu begrüßen. Alle deine freie Zeit zu deiner Vervollkommnung zu benutzen, damit du keine Zeit hast, andere zu kritisieren.

Versprich dir selbst, zu groß zu sein, um dich zu sorgen ... zu edel zu sein, um dich zu ärgern ... zu stark zu sein, um dich zu fürchten ... zu glücklich zu sein, um der Gegenwart zu erlauben, dir Kummer zu bereiten.

Handgeschrieben von Hans-Heinrich Path im Kloster zu Cismar im Jahre 1984

Strebe danach-
glücklich zu sein.

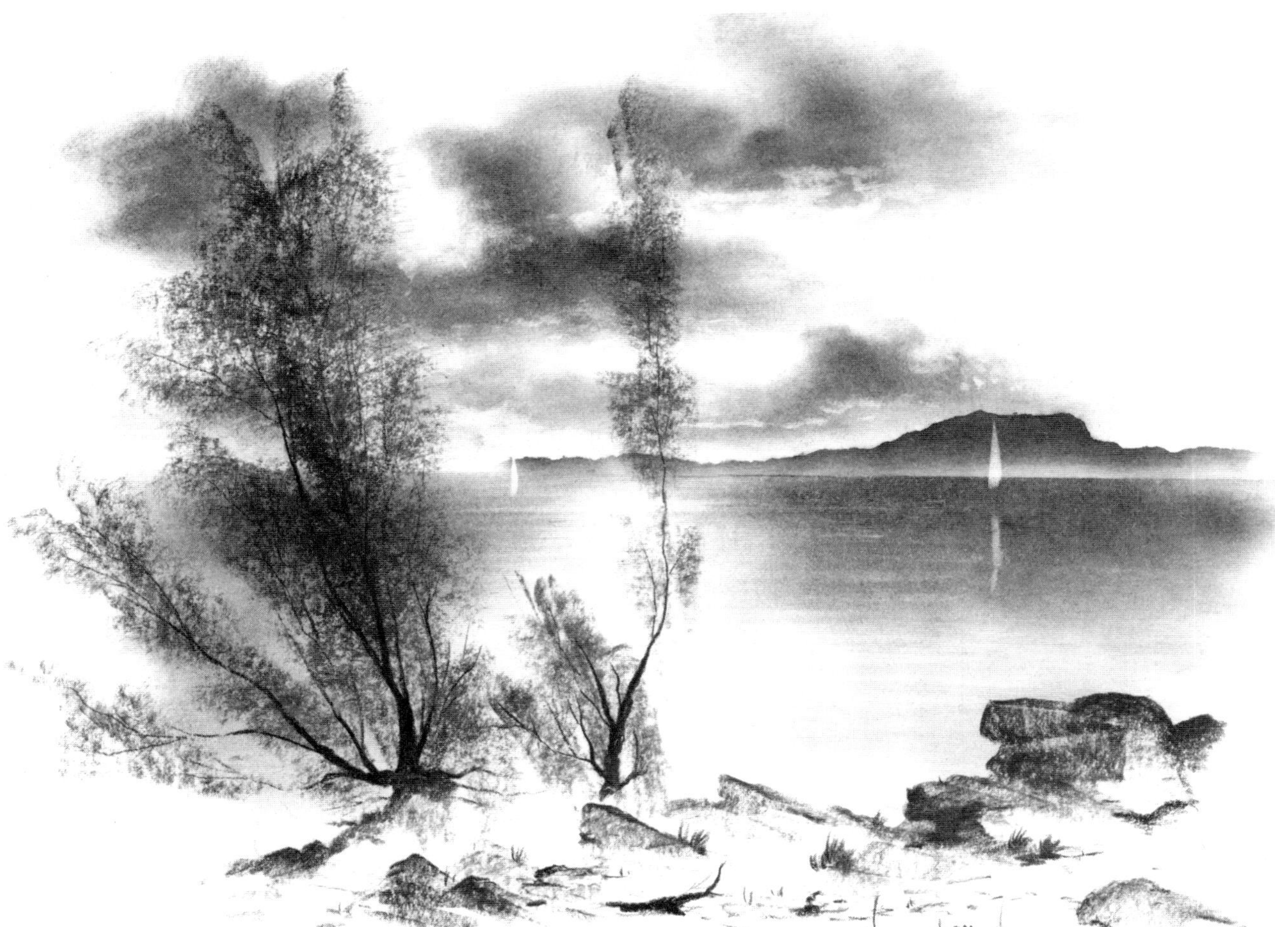

Glücklich, wenn die Tage fließen,
wechselnd zwischen Freud und Leid,
zwischen Schaffen und Genießen,
zwischen Welt und Einsamkeit.

GOETHE

Mit wenigem
zufrieden,
ja glücklich zu sein,
das ist Leben".

HENRY-DAVID THOREAU

Das Glück ist
das einzige
was sich verdoppelt
wenn man es teilt.

Albert Schweitzer

Der verlorenste
aller Tage ist der,
an dem man nicht
gelacht hat!

Handgeschrieben von Hans-Heinrich Fath in Kloster zu Cismar 1983

Leuchtende
Tage ·
nicht weinen · daß
sie vergangen ·
sondern lächeln ·
daß sie gewesen.

Ich schlief und träumte:
Das Leben wäre Freude.

Ich erwachte und sah:
Das Leben war Pflicht.
Ich tat die Pflicht und siehe:
Die Pflicht war Freude.

Von guten Mächten
wunderbar geborgen /
erwarten wir getrost
was kommen mag. Gott ist bei uns / am
Abend und am Morgen
und ganz gewiß an jedem neuen
Tag.

Letzte Strophe von Dietrich Bonhoeffers Gedicht „Von guten Mächten“ vom Silvester 1944 in „Widerstand und Ergebung“. Am 9. 4. 1945 wurde er hingerichtet.

Es entsteht nichts
GUTES,
außer man tut es.

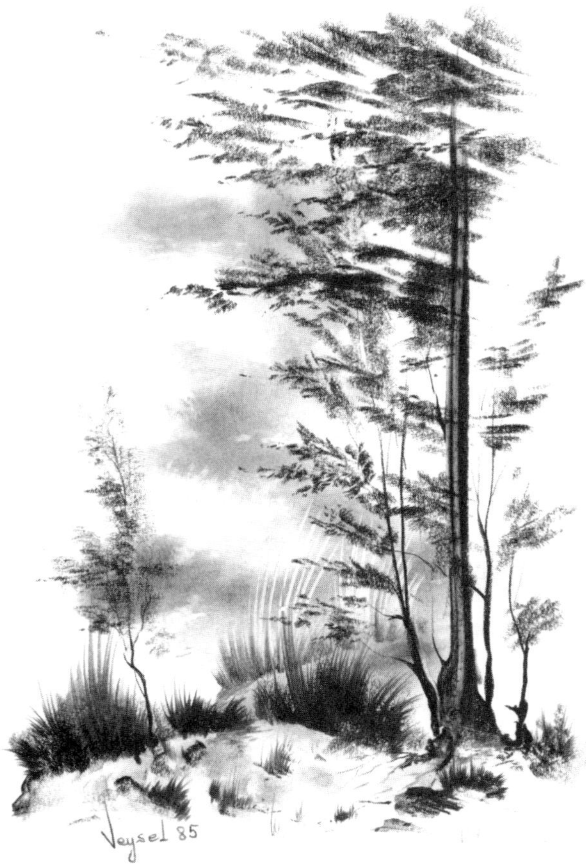

Viel Kälte ist unter den Menschen,
weil wir nicht wagen
uns so herzlich zu geben
wie wir sind.

Albert Schweitzer

Handgeschrieben von Hans-Heinrich Path
im Kloster zu Gsmar

Ich soll auf dieser Welt leben, laßt mich
darum das Gute, das ich tun kann, und
jede Freundlichkeit die ich irgendeinem
Menschen erweisen kann, jetzt und sofort tun.
Laßt mich nichts aufschieben oder vernachlässigen,
denn ich werde diesen Weg kein zweites Mal
gehen können.

Ich weiß nicht / ob es beſſer
werden wird / wenn es anders
werden wird; aber ſo viel iſt gewiß /
daß es anders werden muß / wenn
es gut werden ſoll.

Georg Chriſtoph Lichtenberg (1742 1799

Ein bißchen mehr Friede
und weniger Streit,
Etwas mehr Güte
und weniger Neid,
Auch viel mehr Wahrheit
immerdar,
Und viel mehr Hilfe
bei Gefahr,
Ein bißchen mehr „Wir"
und weniger „Ich",
Ein bißchen mehr Kraft,
nicht so zimperlich
Und viel mehr Blumen
während des Lebens,
Denn auf den Gräbern
sind sie vergebens.

Ich meine, wenn wir wollen,
daß es in der Welt besser gehe,
als es wirklich geht,
so müssen wir das,
was wir dazu beitragen können,
selber tun.

JOHANN HEINRICH PESTALOZZI

O Herr, mach mich zu einem Werkzeug deines Friedens:
daß ich Liebe übe, wo man haßt,
daß ich verzeihe, wo man beleidigt,
daß ich verbinde, wo Streit ist,
daß ich Hoffnung wecke, wo Verzweiflung quält,
daß ich dein Licht entzünde, wo Finsternis regiert,
daß ich Freude bringe, wo Kummer wohnt.

Ach Herr, laß mich trachten:
nicht, daß ich getröstet werde, sondern daß ich tröste,
nicht, daß ich verstanden werde, sondern daß ich verstehe,
nicht, daß ich geliebt werde, sondern daß ich liebe.

Denn wer da hingibt, der empfängt,
wer sich selbst vergißt, der findet,
wer verzeiht, dem wird verziehen,
und wer da stirbt, erwacht zu ewigem Leben.

FRANZISKUS VON ASSISI

Handgeschrieben von Hans-Heinrich Path / Kloster Cismar

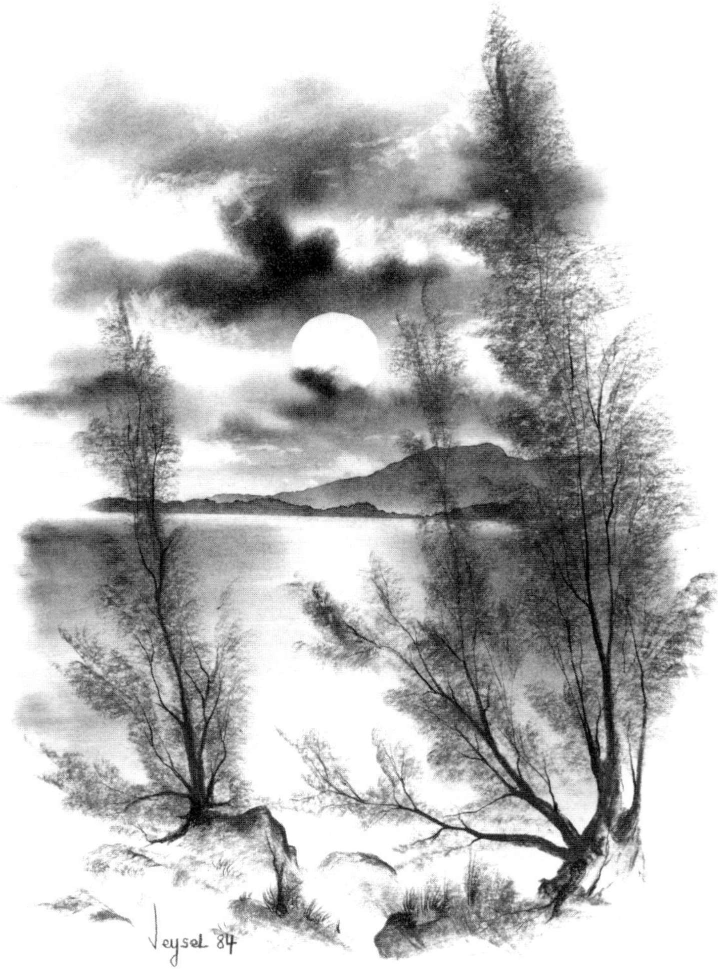

Solange ich atme
hoffe ich!

Du sollst Schönes behalten
und Schlechtes vergessen /
dich dankbar erinnern / was
du schon besessen: Dinge / die kostbar /
auch wenn sie klein / Freundschaft /
die echt war / und Liebe so rein.
Hinter dir die Säulen sieh - nicht die
Trümmer: Wenn auch viel du ver-
loren / viel bleibt dir noch immer!

Zähl die Tage der Freude /
nicht die Tage der Tränen -
dankbar für jeden gesunden
und schönen.

Von Patience Strong aus: „Quiet Corner"

Handgeschrieben von Hans-Heinrich Path, Kloster Cismar 1980

Im Glück nicht stolz sein,
im Leid nicht klagen.
Das Unvermeidliche mit Würde
tragen, das Gute tun, am Schönen sich erfreun.
Das Leben lieben und den Tod nicht scheun.
Und fest an Gott und bessre Zukunft glauben,
heißt Leben, heißt dem Tod sein Bitteres rauben.

Ich bin Leben,
das leben will,
inmitten von Leben,
das leben will.

ALBERT SCHWEITZER

Gib mir die Gelassenheit,
Dinge hinzunehmen, die ich nicht
ändern kann; gib mir den Mut, Dinge zu
ändern, die ich ändern kann; und gib mir die
Weisheit, das eine vom andern
zu unterscheiden!

Worte des Friedrich Christoph Oetinger (1702-1782)

Erst unter Kuß
und Spiel und Scherzen
erkennst du ganz,
was Leben heißt.
O, lerne denken
mit dem Herzen
und lerne fühlen
mit dem Geist.

Ertrage Kälte, Schmerz
und Müßiggang

Werde nicht zornig,
erregt, zänkisch oder unterwürfig,

und erziele auf diese Weise
die höchste Vollendung.

K'UNG-FU-TSE

Es ist ein Vorteil des Altwerdens / daß man
gegen Haß / Beleidigungen und Verleum
dungen gleichgültig wird / während die
Empfänglichkeit für Liebe und Wohl –
wollen stärker wird.

Otto Fürst von Bismarck (1915 – 1898)

Handgeschrieben von Hans-Heinrich Poth 1980 im Kloster Cismar

Fange nie an
aufzuhören
und höre nie auf
anzufangen!

Manche Leute sehen
Dinge und fragen:
Warum?
Ich aber träume von
Dingen, die es nicht gibt
und frage:
Warum nicht?

Der Mensch hat dreierlei Wege
klug zu handeln:

erstens durch Nachdenken,
das ist der edelste,
zweitens durch Nachahmen,
das ist das leichteste,
und drittens durch Erfahrung,
das ist der bitterste.

Sei auf alles gefaßt, immer vorsichtig,
handle nur nach der ruhigsten und nach
der durchdachtesten Überlegung,
rede wenig, denke viel – vertraue auf Gott!

Über Vergangenes
mach dir keine Sorge,
dem Kommenden wende
dich zu.

Empfehlungen des Verlages

Bitte, fragen Sie Ende 1988 nach einem weiteren Band von Hans-Heinrich Path (Geschriebene Weisheiten 2).

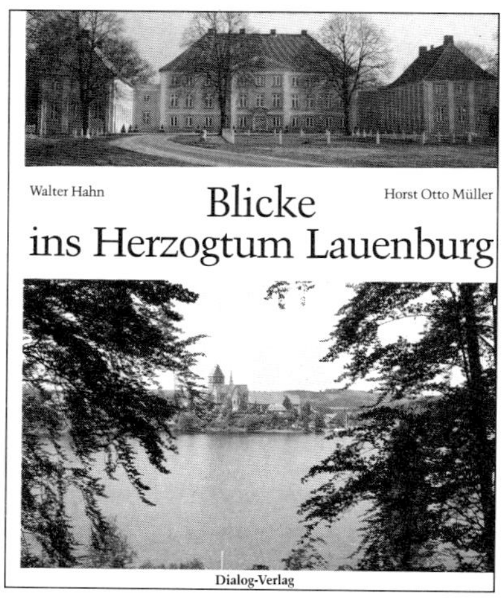

Blicke ins Herzogtum Lauenburg, von Dr. H. O. Müller (Kunsthistoriker) u. Walter Hahn (Kameramann), 42 S., 19 Abb., gb. großformatiger Geschenkband auf Kunstdruckpapier, gb., 21/24 cm, DM 29,80.

„Guldenburgs-Land" wurde erst durch die Fernsehserie einer breiten Öffentlichkeit als besonders reizvoll bekannt gemacht. Die **„Blicke ins Herzogtum Lauenburg"** zeigen noch mehr von der Schönheit dieses hügeligen Wald- und Seengebietes mit den sehenswerten Städten Mölln und Ratzeburg. Der großformatige Bildband führt beispielhaft zu den schönen und wichtigen Plätzen, wozu auch das obere Titelbild „Guldenburg-Schloß" Wotersen gehört.

Der Kameramann Walter Hahn zeigte in über 600 Dia-Vorträgen und einigen Buch-Illustrationen schöne und wichtige Plätze des Landkreises Herzogtum Lauenburg an der nordöstlichen Grenze unseres Landes. Einige besonders stimmungsvolle und beispielhafte Farbfotos wurden davon nun für diesen Bildband ausgewählt.

Sie dienten dem Kunsthistoriker Dr. Horst Otto Müller unter Einbeziehung des kulturgeschichtlichen Hintergrundes als Grundlage einer inhaltsvollen, aber trotzdem leicht lesbaren Beschreibung dieser Plätze und des Kreises. Das Auffinden dieser Plätze erleichtert ein kleiner Übersichtsplan.

Große Kunst und wichtige Museen im Norden

Die Weite der Landschaft zwischen den Meeren brachte kulturelle Höhepunkte, von denen diese Reihe einige vorstellt. Bei guter Ausstattung mit teilweise farbigen Bildern auf dem Titel und dem Buchrücken, beginnen die Preise bei DM 7,80.

Ratzeburg – das Ausflugsziel östlich Hamburgs

Den Ratzeburger Dom und das Barlach Museum sollte man gesehen haben.

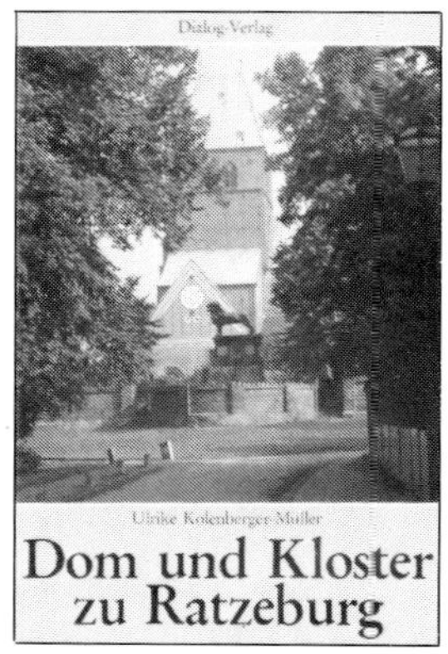

U. Kolenberger-Müller: „Dom u. Kloster zu Ratzeburg", 41 S. 1 Karte, 20 Abb., br., DM 9,80

Beide Bände mit nahen Sehenswürdigkeiten.

H. O. Müller: „Ernst Barlach im Ratzeburger Vaterhaus", 36 S., 1 Karte, 19 Abb., br., DM 5,00

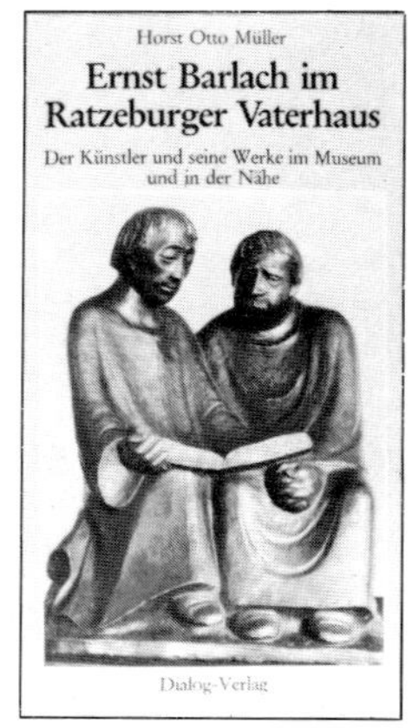

Dr. H. O. Müller ist Kustos des Barlachs Museums und Ulrike Kolenberger-Müller führt als Kunsthistorikerin Besucher durch den Dom. Beide schreiben hier leicht verständlich und überaus lebendig, wie es z. B. die „Lübecker Nachrichten" hierzu schrieben.

Kloster Cismar – bei Grömitz an der Ostsee

Der Künstler-Ort mit dem ältesten Flügelaltarschrein der Kunstgeschichte im Kloster und bedeutenden Kunstausstellungen des Landesmuseums. Hier wirkte auch der Schriftenschreiber Hans-Heinrich Path (s. Geschriebene Weisheiten).

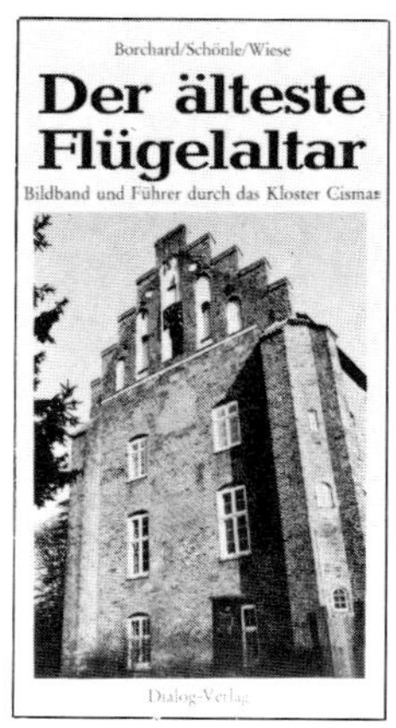

Lübecker Nachrichten: . . . Die Autoren des Bandes sind Regierungsbaudirektor Kurt-Wido Borchert, der die Restaurierungsarbeiten am Kloster leitete, der jetzige Gemeindepfarrer in Cismar, Pastor Dr. Volker Schönle und Rektor Ottfried Wiese, ein Kenner der Klostergeschichte . . .

Auch ein Klostergrundriß aus dem 14. Jh. ist in dem Band zu finden. Landtagspräsident Rudolf Titzck, ein großer Förderer des Klosters, schreibt in einem Grußwort: „Mit der Herausgabe dieses Buches ist eine ausgezeichnete Möglichkeit geschaffen worden, dieses schleswig-holsteinische Juwel nicht nur unseren schleswig-holsteinischen Landsleuten, sondern auch den vielen Gästen aus dem In- und Ausland nahezubringen."

Kieler Nachrichten: Wer sich für Geschichte interessiert und hier vor allem für die Geschichte des Klosters in Cismar, hat jetzt Gelegenheit, sich eingehend über dieses historische Bauwerk zu informieren. . .

Borchard, Schönle, Wiese: „Der älteste Flügelaltar", 40 S., 1 Karte, 39 Abb., br., DM 7,80 (2. Auflage).

Hamburg – die Kulturmetropole des Nordens

ist beispielsweise die Vaterstadt eines der bedeutendsten Komponisten der Welt, Johannes Brahms. Hier finden wir das größte Völkerkundemuseum der Bundesrepublik und eine große Anzahl von Sehenswürdigkeiten.

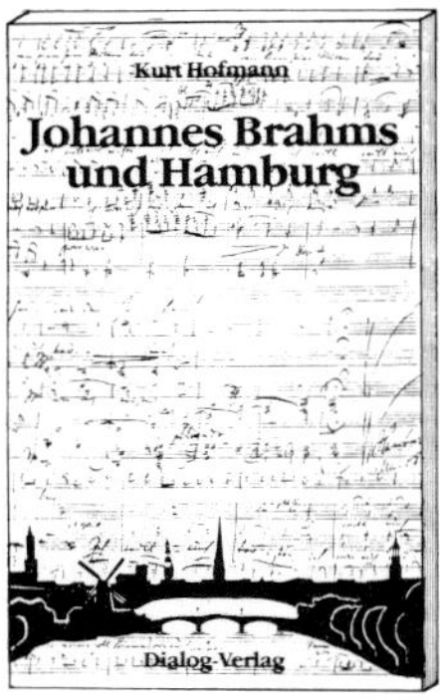

Kurt Hofmann: **„Johannes Brahms und Hamburg"**, 100 S., 30 Abb., br., DM 24,80
– als Ganzleinen-Schmuckband (ab 1987) DM 34,80

Rundfunk und Presse berichten u. a.:
NZ (Neue Zeitschrift für Musik): . . . Doch obgleich schon bald ersichtlich ist, daß der Autor in der Tat der gängigen Ansicht widerspricht, das zeitweise gespannte Verhältnis des Komponisten zu seiner Vaterstadt sei lediglich Hamburg und seinen Musikverantwortlichen anzulasten, erhält vor allem der erste, wichtigste Teil des ansprechend aufgemachten Buches allgemeine biographisch-psychologische Bedeutung in Sachen Brahms. . .

Solche biographische Aufräumarbeit erscheint wohl nach wie vor notwendig, wird doch – trotz mancher inhaltlich-formaler Neukonzeptionen der Brahms-Biographie beziehungsweise -Monographie – auch immer noch ungerührt an den alten Maschen weitergestrickt.

Auf NDR I läßt Jost Nolte den Schriftsteller Eckart Kleßmann berichten: . . . Doch nun kommt der Brahmsforscher Kurt Hofmann und sagt uns, es war alles ganz anders. Hofmann darf sich das erlauben, er ist seit vielen Jahren ein anerkannter Brahmsexperte und wurde 1983 zu Recht vom Hamburger Senat mit der Johannes-Brahms-Medaille für Verdienste um die Brahmsforschung ausgezeichnet. Er hat, bei aller Verehrung für den großen Komponisten, nicht gläubig die von Brahms selber inspirierte Legendenbildung hingenommen, sondern die Quellen befragt, und was er dort fand, hat er jetzt in einem höchst anregenden Büchlein zusammengestellt . . .

Die Welt: . . . Jetzt ist es heraus: Hamburg hat viel für Ruhm und Nachruhm von Johannes Brahms getan — mehr als die meisten anderen Städte für ihre großen Söhne. Diese Tatsachen liegen nun als gesichertes Wissen in einem Buch von Kurt Hofmann „Johannes Brahms und Hamburg" vor. Der hiesige Dialog-Verlag präsentierte die interessante Neuerscheinung in der Patriotischen Gesellschaft . . .

Manches in der Vita des Komponisten wurde ein Opfer von Irrtümern, nicht selten aber auch von bewußten Fälschungen . . .

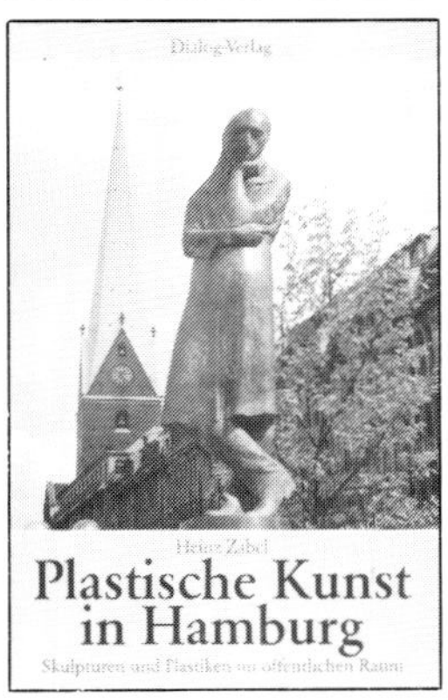

broschiert DM 19,80
Heinz Zabel:
„Plastische Kunst in Hamburg –
Skulpturen und Plastiken im öffentlichen Raum",
110 S., 173 Abb.

Ganzleinen-Schmuckband
DM 34,80

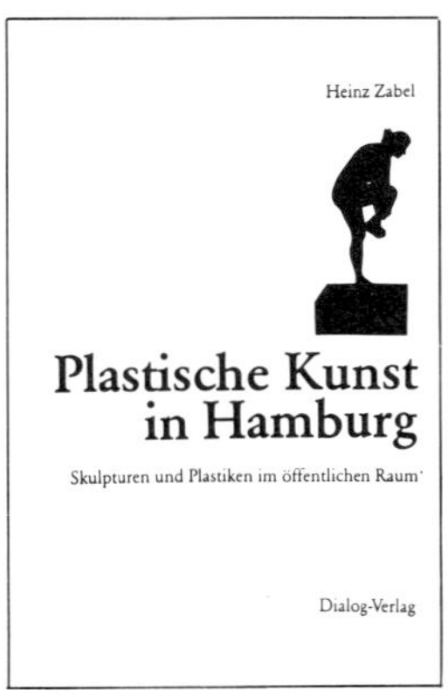

Heinz Zabel wurde in Hamburg durch unermüdliches Sammeln aller Daten und Fotos der Skulpturen und Plastiken im öffentlichen Raum zum einzigen und für Behörden und Private unverzichtbaren Kenner auf diesem Gebiet. Prof. Dr. Manfred Fischer schrieb als Leiter des Denkmalschutzamtes das Vorwort, der Bildhauer Hans Kock über die plastische Kunst in Hamburg, ein Künstler-Verzeichnis mit Nachwort des Autors beendet das umfangreiche Werk mit rd. 860 genannten Kunstwerken.

Der besondere Stadtführer von Hamburg

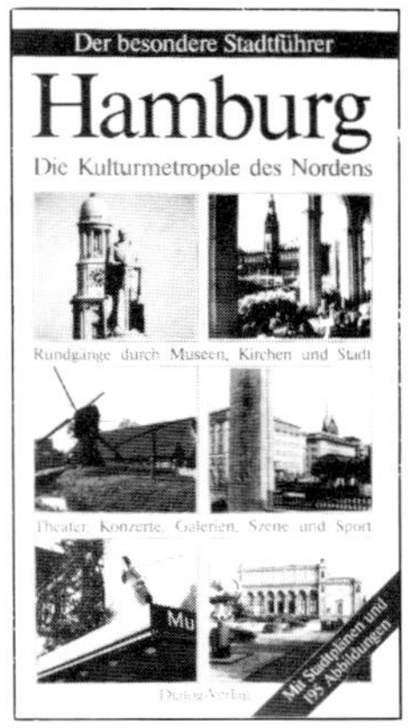

Etwas Einmaliges,
völlig neu,
250 S. redakt. Teil,
195 Abb., br.
Nicht nur die vollständige Führung durch jedes Museum (s. B. Kunsthalle 16 S.), jede Hauptkirche und die Stadt macht dieses Buch wertvoll, sondern auch die Rufnummern und Anschriften von Treffs, interessanten Lokalen, Theatern, Galerien etc. mit den vielen Tips von Kennern.

In Deutsch und in Englisch
DM 16,80 DM 16,80

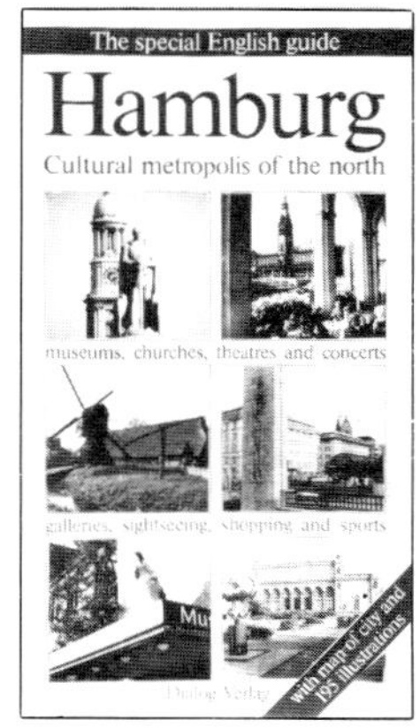

Die Welt . . . Denn diese Museen findet man in Hamburg, vorausgesetzt, man verfügt über die einschlägigen Informationen.
Diese Marktlücke, erklärte gestern Senatssprecher Thomas Mirow, schließt jetzt ein besonderer Stadtführer, der Hamburg entgegen dem Image des Handelsmekkas und Zentrums der kühlen Rechner als „Kulturmetropole des Nordens" porträtiert.
Auch geübte Hanseaten können darin noch neue Ziele in Sachen Kultur finden.
Rund 500 Hamburg-Bücher sind derzeit im Handel, sagte Mirow, der den ersten Führer im Rathaus in Empfang nahm. Der auf Hamburg zugeschnittene Kultur-„Fahrplan" sei etwas ganz Neues . . .

. . . 30 Autoren haben mitgearbeitet. Das Ergebnis ist ein Brevier der 30 Hamburger Museen von der Kunsthalle bis zum Museumshafen und zum winzigen Indiomuseum in Wandsbek, ein Wegweiser zu den Hauptkirchen und ihren Kunstschätzen und ein Porträt des Theater- und Musiklebens. Dabei werden alle Themen, die man in einem „normalen" Stadtführer eben nur mit ein paar Zeilen findet, ausführlich beschrieben: Die Museen erscheinen mit ihren Sammlungsschwerpunkten, mit Spitzenstücken und den Zielen der Präsentation. Das Engagement des Harburger Helms-Museums für Vor- und Frühgeschichte wird bis in die Ausgrabungen in der Nordheide weiterverfolgt; man findet einen Hinweis auf Treffpunkte, Szene, Bummeln und Einkaufen, Sport und Bibliotheken, Galerien sowie Kunst und Kultur im Umland . . .

Bild . . . Wußten Sie, daß wir in Hamburg das schönste Mineral-Museum der Welt haben? Oder das größte (bundesdeutsche) der Elektrizität? . . .

Morgenpost . . . Den Lesern werden im ersten Teil einige ausgewählte und kommentierte Rundgänge vorgeschlagen. Im zweiten Teil finden sich dann Beschreibungen von „Museen und ähnlichen Einrichtungen". Es folgen dann noch ein Kapitel über das „weitere Kultur-und Freizeitangebot" und ein Verzeichnis von Stadt- und Lageplänen sowie die Register . . .

Hamburger Abendblatt . . . Hamburg hat jetzt einen „besonderen Stadtführer" . . .

Hamburger Rundschau . . . Hamburg-Führer gibt es genug. Endlich aber ist ein Buch erschienen, auf das wohl die kulturinteressierten Hanseaten nicht verzichten können, wie auch die Touristen . . .
. . . Nachdem viele Hamburger immer noch nicht wissen, wo ihre „Kunsthalle" steht, geschweige denn das „Museum der Arbeit", füllt dieser Kultur-Führer auch eine Lücke. Im übrigen wird wieder klar, daß Hamburg kulturell höchst aktiv ist . . .

Heimatspiegel . . . Der Stadtführer ist nicht nur eine Fundgrube für Touristen. Auch die Hamburger werden in ihm manche Entdeckung machen können . . .

So lebten sie früher

Kurzführer zur Archäologie und Volkskunde im Helms-Museum mit seinen Außenstellen. Von Rüdiger Articus, 24 Abb., 32 Seiten (teilw. entspr. bes. Stadtführer) DM 7,80

Andere Völker verstehen lernen

Kurzführer durch das Hamburgische Museum f. Völkerkunde, rd. 38 S. 26 Abb. DM 7,80

Unentbehrlich:
Der praktische Ratgeber

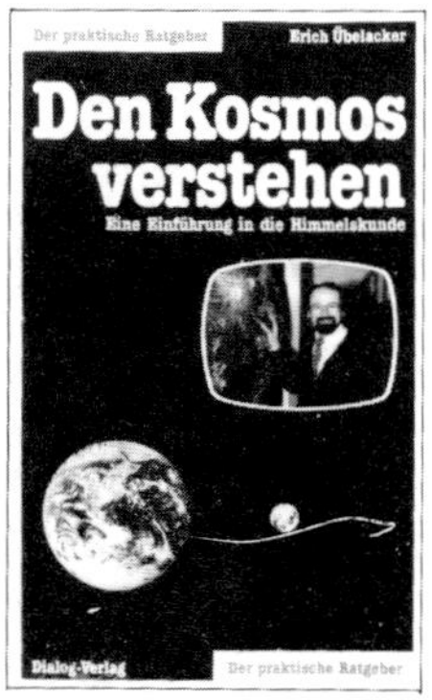

Erich Übelacker:
„Den Kosmos verstehen", ca. 70 S., 32 meist farbige Abb., br.
DM 11,80

Der Autor: Dr. Erich Übelacker, Jahrgang 1936, studierte in Stuttgart und Paris Physik und Astronomie. Von 1967–1975 beschäftigte er sich bei der Firma Carl Zeiss mit der Entwicklung von Planetarien und Fernrohren. In dieser Zeit wurde das Planetariumsgerät Modell VI fertiggestellt, das den amerikanischen Astronauten als Trainingsgerät dient. Seit rund 10 Jahren leitet Dr. Übelakker das Hamburger Planetarium, das mit 1000 Veranstaltungen und weit über 150000 Besuchern pro Jahr eine der größten astronomischen Volksbildungseinrichtungen der Bundesrepublik ist. Er moderierte 42 wissenschaftliche Fernsehsendungen und schrieb bisher 2 populärwissenschaftliche Bücher sowie zahlreiche Artikel und Drehbücher.

Aus dem Inhalt: Blick ins Weltall, die Bewegungen der Erde, Mondphasen, Sonnen- und Mondfinsternis, Sonnen- und Milchstraßensystem, unser Sonnensystem, Merkur, Venus, Mars, Jupiter und Saturn, die Geschichte des Weltalls und des Lebens, Expansion des Alls, Millers Experiment, die Zukunft der Erde und des Weltalls, das Ende der Sonne, weißer Zwerg, Supernova, Urknall, der Sternenhimmel: Frühling-, Herbst- und Winterhimmel, der Besuch eines Planetariums, Verzeichnis der Planetarien, Volkssternwarten und astronomischen Vereine.

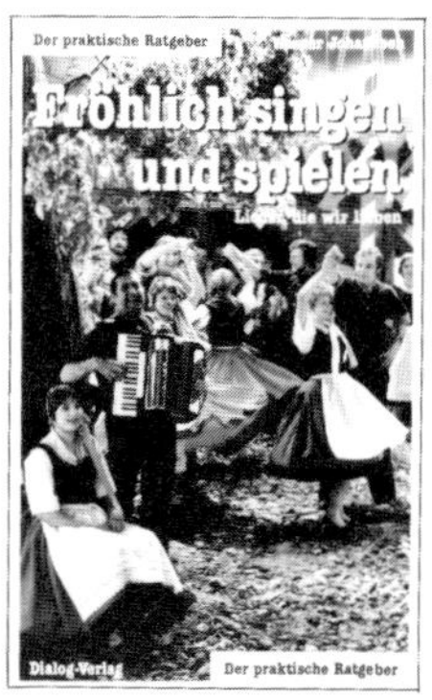

38 fröhliche Lieder mit 8 lustigen Bildern, illustriert von Holger Hinck, broschiert. DM 7,80

Darauf warteten alle fröhlichen Leute, Wanderer und Partygäste schon lange:

Lieder, die wir lieben

mit leichter Begleitung und Begleitakkorden, bearbeitet von Werner Johannsen, illustriert von Holger Hinck.

Wem Gott will rechte Gunst erweisen; Es zogen drei Burschen; O, du schöner Westerwald; Schön ist die Welt; Im schönsten Wiesengrunde; Im Wald und auf der Heide; Im Frühtau zu Berge; Das Wandern ist des Müllers Lust; Nun ade, du mein lieb Heimatland; De Hamborger Veermaster; Eine Seefahrt, die ist lustig; My Bonnie is over the ocean; Lustig ist das Zigeunerleben; Freut euch des Lebens; Komm, lieber Mai und mache; Du, du liegst mir im Herzen; Waldeslust; O du wunderschöner deutscher Rhein; Einmal am Rhein; Und sollt ich im Leben; Es wollt ein Mädel früh aufstehn; Schwarzbraun ist die Haselnuß; Wenn alle Brünnlein fließen; Horch, was kommt von draußen rein; Im Wald da sind die Räuber; Ein Jäger aus Kurpfalz; Der Jäger in dem grünen Wald; Die Vöglein im Walde; Ein Heller und ein Batzen.

Trinklieder und Potpourri: Bier her; Schon wieder eine Seele vom Alkohol gerettet; Wir haben den Kanal noch lange nicht voll; Ein Prosit der Gemütlichkeit; Im tiefen Keller sitz ich hier; Es geht ein Rundgesang . . .

1988 in dieser Reihe

Schutz vor Einbruch und Überfall (DM 16,80)

Diese Reihe wird fortgesetzt

Wege zur Gesundheit *werden viele beschrieben:*

selten aber kommt es vor, daß ein Autor so viele Möglichkeiten auf ihre langfristige Wirksamkeit zueinander überprüft hat und bei den Ergebnissen vor keinen Tabus zurückschreckt. Das Buch „(v)erbaute Gesundheit" beschäftigt sich mehr mit den Grundlagen, insbesondere beim ‚gesunden' Bauen und Wohnen, während „Schutz vor Krankheit" gleich zur Sache kommt. Sehr eingehend widmet sich der Autor den Fragen nach der Wissenschaftlichkeit alternativer Heilmethoden, oft im Vergleich mit der Schulmedizin, selbst bei den sogenannten „Wasseradern". In journalistischer Betrachtungsweise wird unter Angabe der Quellen eine große Anzahl von Forschungsarbeiten und Fachleuten zitiert. Viele Übersichten, Tafeln, Fotos und Anschriften lassen die sich ergänzenden Bücher zu wirklichen Ratgebern werden, und trotzdem ist jedes für sich eine in sich abgeschlossene Unterrichtungsmöglichkeit zum Gesundwerden und -bleiben. Von Aids über Krebs, Rheuma, MS bis Zoster sind in „Schutz vor Krankheit" viele Tips zur Vorbeugung, Besserung und Heilung wiedergegeben.

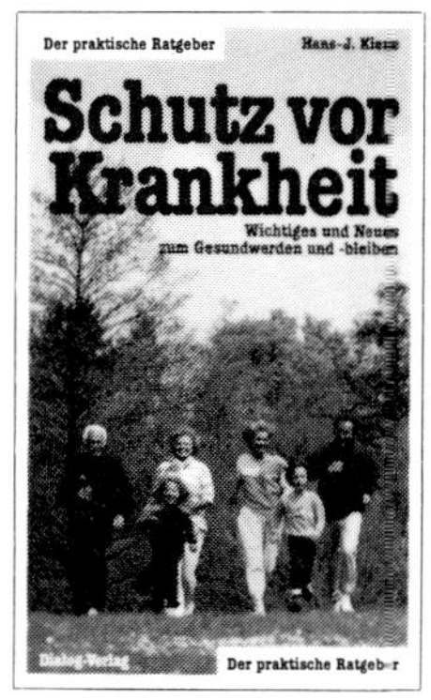

110 Seiten, 15 Übersichten und teils farbige Abbildungen, brosch., DM 16,80

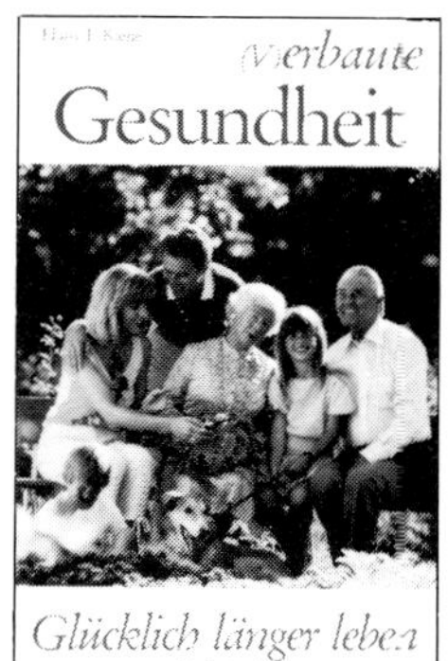

236 Seiten, gebunden, 15 Fotos, 27 Übersichten mit 10 Zeichnungen u. einer Karte.
DM 29,80

Rundfunk u. Presse berichteten über (v)erbaute Gesundheit:

Süddeutscher Rundfunk: . . . Der Autor hat offenbar nicht nur darüber geschrieben, sondern einiges auch selbst ausprobiert . . .

Rheinische Post: . . . Bei der Beantwortung der Frage, ob „Gesundes Bauen" ein Geschäft mit der Angst sei, stößt der Autor Hans-J. Kiene fast zwangsläufig auf die Notwendigkeit, auch andere krankmachende Umwelteinflüsse in seine Untersuchung einzubeziehen . . . In reportagehafter Lebendigkeit läßt Kiene Baubiologen und Wohnmediziner, aber auch Naturheilkundler wie Issels und Köhnlechner zu Wort kommen. Die Argumente Andersdenkender werden nicht unterschlagen, so daß in dem Buch aus vielen Einzelargumenten völlig neue Einsichten entstehen.

Kiene stellt in seinem Buch die Kernsätze auf, daß „nicht die Technik als Umsetzung von Naturgesetzen menschenfeindlich ist, sondern deren Auswertung allein zur Wunscherfüllung der Anwender" und daß „jede Ausbildung zusammen mit der anschließenden Berufsausübung immer eine Verengung des Horizontes mit sieh bringt. Gewisse Beurteilungskriterien werden besonders kultiviert. Und daß dann andere, vielleicht ebenso wichtige, häufig vernachlässigt werden, ist fast zwangsläufig". . .

Plan (Schweiz): . . . Der Leser erlebt den ersten spektakulären Auftritt des Arztrebellen Hackethal . . . Festgefügte Besitzstrukturen lassen üblicherweise immer nur den anderen als Übeltäter erscheinen. Dies zeigt die Untersuchung über die Architekten als „Kistenmacher im Büßerhemd", genauso wie die über Kontroversen des „richtigen" Weges in Medizin-, Ernährungs- und Umweltfragen.

Österreichische Dok. f. Wohnen, Bauen und Planen:
. . . vorurteilsfrei und sachlich zu informieren, was sicherlich als gelungen betrachtet werden darf. Durch die hier aufgezeigten, ohne subjektive Färbung angestellten Untersuchungen, wird eine – man kann ruhig sagen – fesselnde Palette neuer, noch wenig bekannter Einsichten in die Wirklichkeit des Wechselspiels zwischen Krankheit und Gesundheit eröffnet.

Allgemeine Homöopathische Zeitung:
. . . Der Verfasser ist Architekt, hat sich aber intensiv mit medizinischen Problemen beschäftigt . . .
. . . ist das Buch äußerst lesenswert und gerade in der jetzigen politischen Situation dringend notwendig . . .

Bezug über den Handel, wenn nicht erhältlich, bitte dort bestellen, andernfalls durch den Verlag (z.B. per Karte mit Titel, Anschrift, Unterschrift). Prospekte:

Dialog-Verlag, Haidkoppelweg 24, D-2057 Reinbek